AF248283

ORAISON

FUNÈBRE

DE LOUIS XVIII.

FUNERAL ORATION,

DELIBERED

IN THE ROMAN CATHOLIC CHAPEL,

LIVERPOOL,

ON THE 27ᵀᴴ OF OCTOBER, 1824,

ON THE OCCASION OF THE DEATH

OF

LOUIS XVIII.

———

BY THE REV. H. ORRÉ.

ORAISON FUNÈBRE,

PRONONCÉE

DANS LA CHAPELLE CATHOLIQUE ROMAINE

DE LIVERPOOL,

LE 27 OCTOBRE 1824,

A L'OCCASION DE LA MORT

DE

LOUIS XVIII.

PAR LE RÉVÉREND H. ORRÉ.

Traduite en français par P.-V.-J. DE BOURNISEAUX
(de Thouars), de la Société libre des Sciences,
Belles-Lettres et Arts de Paris, etc., etc.

Se vend à Paris, chez GUILLEMINET, Libraire, rue
Montmartre, et chez les Marchands de nouveautés.

(NIORT), de l'imprimerie de A.-P. MORISSET,
Libraire, Imprimeur du Roi. — 1826.

PRÉFACE

DU TRADUCTEUR.

CETTE Oraison funèbre m'a été adressée par l'auteur, il y a six mois. Il a eu la bonté de me faire dire que, si jamais elle était imprimée en français, il désirait que j'en fusse le traducteur.

J'avoue que je n'ai pu lire ce Discours sans éprouver une vive émotion, que partageront sans doute les bons Français qui liront cet Éloge du sage et vertueux Louis XVIII. Indépendamment de ce motif, j'ai été frappé plus d'une fois des grands traits, des profondes réflexions; je dirai plus, des idées sublimes que l'auteur a si bien imitées des Young, des Hervey, et de tant d'illustres écrivains anglais, qui ont agrandi, par de nobles travaux, le domaine du génie. Certes, ce

n'est pas dans de pareils auteurs, si mal
copiés aujourd'hui par quelques-uns de
nos orateurs, que l'on trouve

« Cet emphatique et burlesque langage
D'un faux sublime enté sur l'assemblage
De ces grands mots, clinquant de l'oraison,
Enflés de vent et vides de raison ».

(DESFONTAINES).

Le lecteur ne trouvera ici ni plan
compliqué, ni aucune de ces divisions
oratoires et de ces subdivisions, qui nous
plaisent, dans les Fléchier et les Bossuet,
mais que désavouent certains étrangers
qui, peut-être, sans motifs réels, en pro-
voquent la suppression, en les regardant
comme de vieux abus de l'ancienne école.
Il y rencontrera une noble simplicité et
une foule de ces idées lumineuses qui
jettent l'ame dans de profondes médita-
tions, et l'ennoblissent en lui faisant
fouler aux pieds les vanités humaines,
et en la tenant élevée vers la vraie grandeur qui n'est qu'au Ciel ; en un mot,
c'est un morceau anglais que les étrangers

ne peuvent juger par leur propre méthode,
qu'en imitant le tyran Procuste , qui
faisait couper les jambes de ceux qui les
étendaient au-dessus des bornes de son lit.

On doit regretter toutefois que les li-
mites étroites que l'auteur s'est prescrites,
ne lui aient pas permis de s'étendre sur une
foule de qualités royales de Louis XVIII,
qu'il a à peine esquissées ; sur cette sa-
gacité qui lui a fait éviter les dangers des
réactions ; sur cette prudence qui a main-
tenu la paix ; sur cette économie qui a
pu disposer d'un milliard , et payer les
frais d'une restauration sans fouler le
peuple ; sur cette estime personnelle qui
a commandé la modération à ses alliés ;
sur ces institutions données à la France ,
qui ont froissé tant d'intérêts , tout en
lui rendant le calme. On eût désiré qu'il
eût vanté le Roi législateur, le Monarque
pacificateur , le Souverain protecteur des
lettres et homme de lettres lui-même (*) ;

____

(*) Nos plus grands Rois ont protégé les lettres ;
c'est de François I.er , l'un d'eux , que nous tenons

mais on doit considérer l'ouvrage tel qu'il est, et non pas tel qu'il aurait pu être. Il est évident, d'ailleurs, que les bornes d'un discours oratoire ne pouvaient suffire à un pareil développement. Il eût fallu pour cela composer un volume, et l'auteur peut, dès ce moment, répondre à ses critiques par ce vers d'un de nos poëtes :

« Le secret d'ennuyer est celui de tout dire ».

Il me reste à dire un mot sur la manière dont j'ai traduit cet Éloge funèbre. Très-souvent j'ai rendu le texte tel qu'il est ; quelquefois j'ai cru devoir le développer en y ajoutant quelques mots, et même

---

cette maxime : *qu'un royaume sans lettres est un printemps sans fleurs.* Le premier but de la littérature doit être le maintien du trône et de l'autel ; son cri de ralliement est : *Dieu et le Roi.* Il faut bien se garder de confondre avec les lettres, cette philosophie infernale, qui prêche aux peuples la révolte et le matérialisme, et qui, depuis trente ans promène son crêpe funéraire sur l'Europe, qu'elle a infectée de son odeur de mort.....

« *Longè mea discrepat istd*
Et vox et ratio ». (Horace).

des demi-périodes. Je me suis constamment dit : Comment l'auteur aurait-il rendu cette idée s'il eût écrit en français? C'est sur cette base que j'ai travaillé. Si quelques critiques trouvent ce genre de traduction trop hardi, sans chercher des excuses dans Horace, dans Vida, dans Boileau, je me contenterai de leur dire que si ce discours en français leur a plu, je dois être absous de ma témérité.

«Tous les genres sont bons hors le genre ennuyeux».

FIN.

ADVICE.

—

THE following funeral Oration, on the occasion of the death of Louis XVIII, delivered by the rev. Orré, at the seel. — Street chapel, on the 27ᵗʰ of october 1824, was composed, in a very limited time, with the wiew offul-filling in the best way he could a duty dear to his heart, and scattering some few flowers over the tomb of his king—but without the most distant idea of having it printed. The partiality of some friends who were near enough to the pulpit to hear it has inspired others with the desire of reading the manuscript, and the applications for that purpose have been so numerous, that he has at last been prevailed upon to print it :

Not fearless altogether of the criticism to which it is open, but depending on the candour of an indulgent public.

AVIS.

—

Cette Oraison funèbre a été composée dans un temps très-limité. L'auteur n'a eu d'autre vue que de s'acquitter d'un devoir cher à son cœur, en semant quelques fleurs sur le tombeau de son Roi. Il ne songeait à rien moins qu'à faire imprimer cet opuscule, quand les éloges outrés de plusieurs de ses amis, qui, placés près de la chaire, n'avaient pas perdu un mot de ce discours, ont inspiré à d'autres personnages un vif désir de le lire. Les sollicitations sont devenues si nombreuses que, malgré sa répugnance, l'auteur s'est vu, en quelque manière, forcé de consentir à l'impression.

Il espère que la pureté des motifs qui l'ont animé dans cette entreprise, désarmera les critiques, et lui attirera à-la-fois la faveur du public et l'indulgence de ses lecteurs.

———

FUNERAL ORATION.

> « Nations shall shew forth his wisdom,
> and the congregation shall declare his
> praise «. (ECCLES.)

WISDOM alone, my brethren, can imprint on our actions the seal of immortality : monuments raised by vanity will not escape the ravages of time. The projets of the ambitions will all fall into ruin ; the most favourite and most popular errors will at last yield to the sentiment of the evils which they produce , as all that is founded on illusion must Cease with it. The glori alone of the wise will subsist , because it is founded upon truth wich never passes away, and upon virtue which will always be worthy of our praise.

But, my brethen , immortality is not promised by the holy Spirit to human wisdom : it may

ORAISON FUNÈBRE.

« Les nations vanteront sa sagesse et
chanteront ses louanges ».
(ECCLÉS.)

LA sagesse seule, mes frères, peut imprimer
sur nos actions le sceau de l'immortalité ; les
monumens élevés par la vanité humaine ne
tardent pas à tomber en ruines, frappés de la
faulx du temps. Les projets de l'ambition s'éva-
nouissent bientôt en fumée ; l'erreur, celle
même qui séduit des nations entières, cède
au rayon lumineux de la vérité qui en montro
les dangers : elle tombe avec l'illusion qui l'avait
fait naître. La gloire de l'homme sage est la
seule qui soit posée sur des bases durables, parce
qu'elle a pour appui les deux colonnes de la vérité qui par elle-même est immuable, et de la
vertu qui ne cessera jamais de commander nos
louanges.

Toutefois le Saint-Esprit, mes frères, n'a pas
promis l'immortalité à la sagesse humaine. Ren-

give some solidity to its works ; but contained in the narrow bounds of time , and subject to the laws of vicissitude , it does not interest all ages; its most extensive effects are measured by years ; they perish with them ; their remembrance is effaced by degrees, and falls at last into the eternal night of oblivion. It is , then , alone to men zealous for religion , and faithful to its practices, that God promises immortality.

Yes, my christian hearers, in the midst of so many works that proclaim the power of the Creator , one alone seems most particularly to shew in its perpetuity the stamp of the hand of the eternal. This work is the christian religion, subsisting from the origin of the world among the revolutions of ages, the tumult of passions, and the dissolution of empires. All therefore that is useful to that religion is immortal : all that is done for it survives the destruction of worldly things, and as long as that religion subsist it will recall the memory of those who have contributed to its glory ; their names shall be inscribed in the book of life , and their actions engraved on the columns of the holy Jerusalem.

fermée dans le cercle étroit du temps, sujette à toutes ses vicissitudes, elle ne peut rien bâtir sur des bases impérissables, ni s'étendre au-delà des âges. Ses plus beaux ouvrages se mesurent par les siécles et périssent avec eux. Leur souvenir s'efface par des degrés insensibles, et tombe à la fin dans la nuit éternelle de l'oubli. Ce n'est qu'au chrétien qui aime sa religion, et qui en observe rigoureusement les préceptes, que le Créateur a promis l'immortalité.

Oui, mes frères, au milieu des prodiges de la création, de tant d'œuvres admirables qui proclament la sagesse et la majesté de l'Éternel, un seul paraît plus particulièrement consacré à nous montrer la perpétuité de ses desseins, et à nous offrir une idée de sa toute-puissance. Cette œuvre, si digne de nos respects et de notre admiration, c'est l'établissement du christianisme, de cette religion divine qui subsiste depuis tant de siécles, que n'ont pu ébranler les révolutions de tous les âges, le tumulte des passions en délire, et qui s'est tenue constamment debout au milieu du fracas des dissolutions sociales et des ruines des empires.

L'immortalité qui fait la base du christianisme, le maintiendra dans tout son éclat, lors même que ce monde périssable aura été englouti dans le gouffre de l'éternité. C'est donc éternellement

So, christian hearers, we have well grounded hopes, that as long as the temples dedicated to the true God subsist. — As long as the sacrifice of the spotless lamb shall be offered on our altars. —The name of our christian hero, the most high, the most excellent king Louis the eighteen, will not die : his praises shall be proclaimed.— *The shall pay to his memory an eternal tribute of honour. — Nations shall schew forth his wisdom, and the congregation shall declare his praise.*

Unequal to the task I have undertaken with more zeal than power of execution ; I am fully aware, my brethren, of the impossibilty of answering your expectation by a display of eloquence which would require those happy turns, those secrets of art, those traits of genius, that eloquence of the soul which are requisite in a christian orator. But I know also that there is a sublimity of action which the ornaments of discourse can but weaken, and

qu'elle conservera le souvenir de ceux qui ont contribué à sa gloire ; leurs noms seront inscrits sur le livre de vie, et leurs actions gravées sur les colonnes de la céleste Jérusalem.

Ce n'est donc pas sans motif, chrétiens mes frères, que nous espérons que tant qu'il existera des temples consacrés au vrai Dieu ; tant que l'on offrira sur nos autels l'agneau sans tache, le nom de très-haut et très-puissant prince Louis XVIII, roi de France et de Navarre, ne tombera pas dans les ténèbres de l'oubli , et que son éloge sera à jamais dans toutes les bouches , comme le souvenir de ses vertus dans tous les cœurs. — *Ils paieront à sa mémoire un éternel tribut d'honneur. Les nations vanteront sa sagesse , et lui feront un concert de louanges.*

Je sens parfaitement ici toute mon insuffisance; mes forces ne répondent pas à mon zèle ; je suis profondément affligé de tromper votre attente, et de ne pouvoir déployer, dans un si noble sujet, ces mouvemens sublimes, ces tours heureux , ces traits de génie , ces secrets de l'art , cette éloquence de l'âme ; en un mot, ces talens supérieurs qui semblent être indispensablement nécessaires aux orateurs , mais que l'on exige encore plus particulièrement des orateurs chrétiens. Cette réflexion, je l'avoue , m'aurait détourné de mon entreprise, si, d'un autre côté,

which is best expressed by the simplicity of a faithful recital. I shall therefore confine myself to a few traits of the life and death of Louis, in hopes that the greatness of the actions will conceal from you the weakness of the orator.

It is, my brethren , an error too common to all anti christian philosophers , and peculiar to those who for more than a century have directed and led astray the public opinion in a neigh bouring country, to think that religion, wich directs man's views towards heaven , makes him unfit for human concerns. — That a religion founded upon the cross of Jesus-Christ , increased by persecutions , and established on meeckness and humility , is more adapted for hermits than heroes ; as if the religious man, supported by his confidence in God , armed with the security of his conscience , excited by the hope of an eternal happiness , persuaded that he must sacrifice every thing to his duty , as if such a man could be less zealous for the Good of his country , less compassionate to

je n'avais pensé que des actions sublimes sont
plutôt étouffées qu'embellies par les ornemens du
discours, et qu'elles n'ont besoin d'autre cortège
que de l'expression simple d'un récit fidèle. Je
vais donc me borner à mettre ici sous vos yeux
quelques traits de la vie et de la mort de ce grand roi.
Je me flatte que la faiblesse de l'orateur disparaîtra
sous la grandeur des actions que je vais rapporter.

————————

C'est, mes frères, une erreur qui n'est que
trop commune à ces philosophes anti-chrétiens,
qui, depuis un siècle, ont égaré l'opinion, sous le
prétexte de la diriger, que de croire que la religion
qui tient sans cesse les yeux et le cœur du chrétien élevés vers le Ciel , le rend incapable des
choses de la terre, en lui ôtant l'activité que donne
l'intérêt personnel ; que le christianisme fondé
sur la croix de Jésus-Christ, vivifié par le glaive
des bourreaux, auquel le chrétien ne peut opposer
d'autres armes que la douceur et l'humilité, ne
peut former que des hermites et non des héros ;
comme si l'homme religieux, soutenu par sa
confiance en Dieu, fortifié par la paix de sa conscience, encouragé par l'attente d'une couronne
immortelle, pouvait être moins jaloux du bonheur de son pays , moins charitable envers les
pauvres, moins tendre, moins généreux que ces
philosophes endurcis, dont l'incrédulité outrage

the poor, less tender, less generous than those men who in their hearts refuse to acknowledge the author of all justice ; who know no other rule than their own interest, no other satisfaction than that of their passions that debase them. Strange error, my brethren !

Have the Theodose, the Charlemagne, the St.-Louis, been less enamoured with true patriotism ? Have they been less fruitful of great and extensive vieuws.—Less firm in execution of deeds of valour, because they had a most solid and sincere piety, a most profound humility, a most perfect confidence in divine Providence.—Because in a word, they have faithfully followed the dictates of that divine religion which alone can make true heroes. — That religion which forbids injust wars , gives valour in combats, and courage in reverses, andre wards our virtue at the end of our career?

But, my brethren , if those examples are too remote from us , will not the liberator of Spain , the adopted son of our late glorious

l'auteur de la nature , qui pèsent toutes leurs actions dans la balance de l'égoïsme , et dont l'unique plaisir est de se rouler dans la fange des passions infâmes qu'elles avilissent même à leurs propres yeux. Que cette erreur est étrange , ô mes frères !

Quoi ! les Théodose , les Charlemagne , les St.-Louis , auraient été animés d'un patriotisme moins ardent, moins pur que tant de lâches tyrans persécuteurs du christianisme ! Ils auraient eu de moins grandes vues pour le bonheur de l'humanité ; ils auraient déployé moins de bravoure dans les combats ! Leur solide et sincère piété , leur humilité profonde , leur extrême confiance en Dieu , en un mot, leur exactitude à remplir les préceptes d'une religion divine , auraient nui à la perfection de leur héroïsme ! Qui pourra jamais le croire? Vous n'ignorez pas, mes frères, que cette religion, qui défend les guerres injustes, est la même que celle qui fait les vrais héros, qui leur donne la valeur dans les combats, et la fermeté dans les revers , en leur montrant la palme glorieuse qui les attend au bout de leur carrière.

Si les exemples des héros que nous venons de citer , vous paraissaient remonter à une époque trop éloignée, nous en avons de plus récens à vous offrir. Auguste d'Angoulême ! libérateur

monarch.—Will not the virtuous daughter of Louis XVI.—Will not madame Elizabeth, the glory of religion , and the idol of France. — Names which connect the past with the future by recalling noble and affecting thoughts.—Will they not figure in history as illustrious personages , and as the most pious descendants and best imitators of the virtues of Saint-Louis ? Will not the religious prince who is the object of our regret , and of this-funeral pomp , confute all those fatal illusions , those false ideas which modern philosophers entertain of christian piety !

The best and less equivocal trial of virtue , my bethren, is without doubt adversity ; and what strokes didst thou not, o my God, prepare for the constancy of our late lamented monarch ! O that I could , my friends, present

de l'Espagne ! toi, que le glorieux monarque que nous pleurons se plaisait à nommer son fils ! Illustre fille de Louis XVI, si connue par tes vertus et par ton héroïsme ! Vertueuse Élizabeth, noble victime de l'amitié fraternelle, la gloire de la religion et l'idole de la patrie ! Quels noms, mes frères, nous venons de prononcer ! Ils se trouvent placés entre la monarchie renversée par le crime, et la monarchie replacée sur ses bases par la fidélité. Ils ne figureront pas seulement dans l'histoire comme d'illustres personnages, mais comme les pieux imitateurs des vertus de Saint-Louis.

Ajoutons à ces grands noms, le nom et l'exemple de ce roi qui est l'objet de cette pompe funèbre : c'est le moyen de porter le coup mortel à la philosophie du 18.ᵉ siècle. Alors les vaines objections de l'impie, ses absurdes systèmes, ses blasphèmes contre le christianisme ; tout s'écroule dans la poussière ; toutes ces armes du mensonge rentrent dans le gouffre infernal d'où elles avaient été tirées.

L'adversité, mes frères, est la véritable pierre de touche de la vertu ; et quelle vertu fut jamais plus éprouvée que celle de l'auguste monarque dont vous déplorez la mort ! Oh ! que ne puis-je ici, Messieurs, vous peindre dans toute leur horreur, les cruelles angoisses auxquelles fut

to you a faithful picture of all the heart-ren-
ding trials to wich the soul our magnanimous
king was exposed during an exile of twenty.—
Three years ! you would see him receiving ,
not with the ridiculous and ostentatious constancy of a pagan , of a wordly philosopher ,
but with the resignation of a christian , the
awful tidings of the disasters pressing on his
family ; the distressing events of the 10th of
august , those of the 2d of september , the most
lamentable one of the 21st of january , the death
of the illustrious daughter of Maria-Theresa ,
that of the infant king Louis XVII , his
nephew ; those events which astonished the
world , and will for ever stain the pages of
the history of France , inflicted on his generous and feeling soul most severe wounds ;
but religion brought the remedy to his wounded
heart ; his submission to the will of a God ,
allways just , enabled him to shew constancy
without ostentation , firmness without pride
and sorrow without discouragement.

exposé le cœur de ce Roi magnanime après un exil de vingt-trois ans.

Vous le verriez recevoir, non pas avec cette fermeté d'ostentation qu'affectent les philosophes du monde, mais avec cette humble résignation qui ne peut être que l'apanage du chrétien, les horribles nouvelles qui lui annonçaient coup sur coup les désastres accablans de sa famille. C'est ainsi qu'il apprit les résultats de la journée du 10 août, les massacres du 2 septembre, l'événement à jamais mémorable du 21 janvier, la mort de l'illustre fille de Marie-Thérèse ; celle de son angélique sœur Élizabeth ; celle enfin du royal enfant Louis XVII.

Hélas ! Messieurs, ces affreux événemens ont effrayé l'Univers ; ils ont pour jamais souillé les annales de la France, en tachant ses pages d'un sang auguste. Comment l'âme de Louis XVIII a-t-elle pu supporter d'aussi profondes blessures ? Comment n'a-t-elle pas succombé sous le poids de l'infortune ? Mais, que dis-je, chrétiens ? il est un remède qui guérit tous les coups portés par la perversité humaine ; ce remède, c'est la religion. Louis baisse la tête sous le bras du Tout-Puissant qui le frappe et l'humilie. Fort de sa soumission à la volonté divine, il déploie une constance sans ostentation, une fermeté sans orgueil ; il s'afflige sans se décourager.

You vould see the descendant of so many illustrious kings, the brother of the ill fated Louis XVI, the uncle and legitimate successor of his nephew , Louis XVII, tossed about on the stormy sea of the world , wandering all over Europe in search of a safe asylum ; you would see him at Coblentz , using his best , but unsuccessful endeavours to save his royal brother ; you would see him at Turin, incessantly occupied with the desire of putting an end to the dreadful evils of an appalling revolution that desolated his country; you would see him now in Coblentz, now in Verona , in cessantly pursued by assassins ; you would see him at Ulm , fired at and wounded , and forbidding all search after the assassius. You would see him for nearly two years in the army of Condé , sharing with that illustrious prince all privations, penury, want , and danger ; you would then see him wandering in the wilds of inhospitable Prussia ; then fixed at Mittau , where he was for some time maintained by the abundant generosity of the emperor of Russia , which afforded him the means of relieving agreat

(27)

Sa force d'âme prend bientôt une teinte de sublimité. On voit le descendant de tant de rois, le frère de Louis XVI, l'oncle et le successeur de Louis XVII, lancé sur la mer orageuse des passions humaines, errer dans l'Europe pour y chercher un asile. On le voit à Coblentz faire de continuels et d'incroyables efforts pour arracher son frère aux poignards philosophiques ; on le voit à Turin, uniquement occupé du bonheur de ses sujets égarés qui le méconnaissent, chercher les moyens de purger notre belle France de l'horrible lèpre qui la défigure et la déshonore. Rien ne l'arrête, rien ne l'épouvante. Des assassins, payés par de prétendus philosophes, le poursuivent à Coblentz, à Vérone ; Louis se venge de ces lâches en leur pardonnant. Il passe deux ans avec le petit-fils du grand Condé, comblant de ses bienfaits les braves qui, l'épée à la main, défendaient les sanglans débris du trône et de l'autel, supportant avec eux les fatigues, les périls, les outrages de son ingrate patrie, les privations de tout genre, et les rebuts des étrangers.

Il passe dans quelques contrées sauvages de la Prusse, et se fixe enfin à Mittau, où l'empereur de Russie, Paul I.ᵉʳ, le traite en allié, en roi. Il peut enfin rassembler autour de sa personne les sages de Levi, les braves de Juda, qui ont tout quitté pour leur roi, pour l'honneur. Il par-

number of french exiles, his faithful subjects who had followed him.

But this prosperous adversity was not of long duration; and the emperor Paul, influenced by the usurper of the throne of Louis, suddenly changed his conduct, and sent to the King, whom he had acknowledged and invited to his dominions, an order to quit the russian territory Within a weeck; but previous to this order the usual succour had been withheld, and Louis XVIII, and all the french at Mittau, were reduced to the utmost distress.

The dutchess d'Angoulême, his niece, and the faithful companion of his exile, had never ceased, since she had recovered her liberty, to reside with her uncle; and being informed of the order of the Emperor, she inquired of the King what the intented to do : his answer was, that his determination was to quit, within twenty four hours, a country where insult and humiliation had taken the place of hospitality; and as he had not the means to travel as he had formely done, and the litle he possesled was necessary for the support of those of his sub-

tage avec eux le pain de l'exil et les consolations de l'espérance.

Tout-à-coup un orage imprévu s'élève et noircit l'horizon; l'empereur Paul, cédant aux sollicitations et peut-être aux menaces de l'usurpateur du trône de Saint-Louis, change de ton et de manières envers son royal protégé. Ce même Roi de France qu'il avait reconnu et invité, d'une manière expresse, à se réfugier dans ses états, reçoit l'ordre formel d'en sortir, dans l'espace d'une semaine. On lui retire d'abord tous les secours qu'on lui avait accordés; le Roi et tous ceux qui l'ont suivi, vont se trouver à Mittau dans la plus grande détresse; la Providence vint à leurs secours.

La duchesse d'Angoulême avait suivi la fortune du Roi son oncle. Depuis qu'elle était sortie de sa prison, elle avait été la compagne fidèle de son exil. Aussitôt qu'elle apprend la fatale nouvelle, elle va trouver le Roi et lui demande quelle est son intention. Le digne frère de Louis XVI, indigné d'une violation si manifeste des droits sacrés de l'hospitalité, déclare qu'il veut partir dans les vingt-quatre heures. On lui observe que son trésor épuisé ne peut fournir aux frais de transport de tous ceux qui l'ont accompagné dans son exil. « Eh bien !

jects who had accompanied him, he would on the next day leave Mittau on foot, and give the unfortunate exiles an example how to support misfortune. But, my dear brethren, a protecting angel found means to alleviate such a distressing necessity.

The dutchess d'Angoulême, who had early learnt in the dungeons of the Temple the little value of either jewels, rank, or even life, as well as the real duties of humanity, and the worth of undeserved wretchedness, disposed immediately of a box of jewels, with which at her mariage she had been presented by her cousins, the emperor and empress of germany, and thus procured a sum of money sufficient not only for her uncle's travelling expenses, but adequate to the immediate wants of her contrymen at Mittau : and this sublime and benevolent act was, my brethren, the only she had ever concealed from her uncle.

He then went to Warsaw, where he found a tranquil asylum. But his tranquillity was soon disturbed by another humiliation from

» répond ce grand prince, demain je pars à
» pied ; je donnerai l'exemple aux exilés du cou-
» rage avec lequel une âme forte doit supporter
» le poids du malheur. » L'ange qui veillait sur
les destinées du roi de France prévint l'exécution
d'un si pénible voyage.

La duchesse d'Angoulême avait laissé dans
la prison du Temple tous ses biens : elle en
était sortie dans le plus grand dénuement ; mais,
lors de son voyage à Vienne, elle avait reçu
de l'empereur et de l'impératrice, ses parens,
de grosses sommes d'argent qui provenaient d'un
héritage. Elle rassemble aussitôt tous les fonds
qu'elle a sous sa main, vend jusqu'à l'écrin de
diamans qu'elle a reçu en présent le jour de son
mariage, et remet tout ce qu'elle possède entre
les mains du trésorier du Roi. Le lendemain, des
voitures sont préparées ; on se met en route ; le
Roi étonné ne sait d'où lui viennent ces ressources
inespérées, c'est la seule action de sa vie que sa
nièce lui ait jamais cachée. O dévouement
sublime ! ô désintéressement au-dessus de tout
éloge ! L'orateur ne peut ici que se taire, ce
n'est qu'aux cœurs sensibles qu'il appartient de
vous apprécier.

Les exilés arrivent à Varsovie, ils y trouvent
un asile, mais cette tranquillité va être bientôt
troublée par un nouvel affront. Un souverain

another monarch, who instigated without doubt by the unjust possessor of the throne of the Bourbons, ordered one of his ministers to propose to him to renounce the Crown of France in favour of the usurper. This proposal was rejected with a noble dignity, which must have appalled the man who thus dared to insult him. He was soon forced to leave this place, on the discovery of a plot, which had for its object his assassination.

Is there, my dear brethren, a constancy proof to so many reverses? Yes, christians, Louis has lost nothing; his religion supports him — It follows him in all the places of his banishment. His exile is for him what the

intimidé par le Cromwel de la France, fait proposer au Fils de Saint-Louis de renoncer à sa couronne, pour la poser sur le front d'un soldat usurpateur. L'âme du roi, agrandie par l'infortune, reçoit cette proposition étrange avec le sourire du mépris. La fierté de son regard, la dignité de son maintien préviennent toute espèce de nouvelles tentatives. Ses dangers toutefois n'en deviennent que plus pressans; on n'a pu le séduire, on cherche à l'assassiner (1).

Voulez-vous, chrétiens, avoir une preuve évidente de la fermeté que donne la religion dans le malheur ? Voyez Louis aux prises avec l'infortune. A voir le calme de son maintien, on dirait qu'il n'a rien perdu. La religion le

____

(1) *Note du traducteur.*

Voici quelle fut la réponse de Louis :

« J'ignore les desseins de Dieu sur moi et sur mon peuple ; mais je connais les obligations qu'il m'a imposées. Chrétien, j'en remplirai les devoirs jusqu'au dernier soupir. Fils de Saint - Louis, je me respecterai même dans les fers. Successeur de François I.er, je veux toujours pouvoir dire avec lui : *Tout est perdu , fors l'honneur.* »

Je ne dois pas oublier que le prince qui fut chargé de cette négociation encourut l'indignation de l'usurpateur, pour n'avoir pas réussi, et qu'il faillit être la victime de son ressentiment.

(Voyez Histoire de Napoléon pendant la campagne de 1812, par M. de Ségur, tome 1.er, page 120.

furnace of Babylon was for The three children
of Israël.— A place of refreshment : He humbles
him self under the all-powerful hand of God,
who tries him; he prides himself, with st.
Paul, with having been found worthy to suffer
for Jesus-Christ; no change in him; he always
shews the same affability, the same mildness,
The same tranquility; one knows that he is
unhappy but by noble pride.

The simple recital of such acts, which history has already consigned to its pages, has
without doubt, my christian hearers, excited
in your generous bosoms, a tender feeling of
sympathy; but sympathising for the destiny of
the prince, ought we not also to admire the
constancy with which the christian hero hath
shewn himself superior to it ?

As a rock beaten by the waves of the sea
domineers with more majesty when in the calm
which follows the tempest it appears surrounded with wrechs, so Louis, long agitated by

soutient dans ses revers ; elle semble le tenir par la main, et le suivre dans toutes les places de son bannissement. Son exil est pour lui, ce que la fournaise de Babylone fut aux trois enfans d'Israël, un lieu de rafraîchissement.

Humilié sous la main de Dieu qui l'éprouve, il se réjouit, avec saint Paul, d'avoir été trouvé digne de souffrir pour Jésus-Christ. Son visage, comme son caractère, n'a reçu aucune altération. On voit toujours en lui la même affabilité, la même douceur, la même patience ; on le prendrait pour un des heureux du siècle, si l'on ne connaissait toute l'étendue de ses malheurs.

Le simple récit des nobles actions que l'histoire a consignées dans ses pages immortelles a déjà, mes frères, excité dans vos cœurs la plus vive et la plus douce émotion ; mais les élans de la sensibilité n'acquitteraient qu'imparfaitement le tribut des louanges que méritent tant de vertus, si vous n'y joigniez le sentiment de la profonde admiration que doit exciter en vous l'aspect d'un héros chrétien luttant corps à corps contre l'infortune, et la mettant sous ses pieds.

De même qu'un roc battu long-temps par la mer en fureur, paraît, lorsque le calme est revenu, dominer avec plus de majesté sur les flots, quand il est environné des ruines des navires dont il a causé le naufrage ; ainsi Louis, long-

the convulsions which shook the world , but always superior to the inconstancy of wordly events, shews himself greater , when surrounded by the wrecks of that human glory that has abandonned him.

After so many vicissitudes, and great losses, how admirable it is to see him preserving that dignity of virtue , against which men and fate can do nothing , supporting all his misfortunes with the elevation of a soul who knows the emptiness of grandeurs , and satisfied to have merited the approbation of Good men , the admiration of the Christian world , and the conscious testimony of his conscience !

Eternal thanks to divine Providence , it was reserved to the most generous of nations to offer to our king a safe and tranquil asylum, an asylum worthy of a Monarch , and which will reflect an immortal honour on the english nation and on the magnanimous prince who bestowed it. Louis and is family fully justified at Hartwell the high repute that had preceded them. There they lived five years in a strict seclusion ; their protracted stay in this solitude, where the were known but by acts of beneficence, which

temps agité par les convulsions, dont l'anarchie, pendant vingt ans, avait secoué l'Europe entière, mais toujours supérieur aux événemens, nous a paru plus grand et plus auguste au milieu des débris des grandeurs humaines dont il n'avait conservé que le souvenir.

Qu'il est beau, qu'il est admirable, de voir un prince en butte aux traits les plus acérés de l'infortune, conserver cette dignité de la vertu supérieure à la malice humaine et aux coups du sort, supporter le malheur avec l'élévation d'une âme qui connaît le vide des grandeurs, fier de se sentir digne de l'estime des gens de bien, des respects de tous les Souverains, et de l'approbation d'une conscience irréprochable !

Louis, long-temps victime de la politique étrangère, se voit forcé d'errer dans l'Europe sans savoir ou reposer sa tête. Grâces éternelles vous soient rendues, ô divine Providence ! vous allez enfin offrir au descendant de tant de rois un refuge digne de lui. Un peuple généreux appelle le Roi de France dans son île ; il va trouver dans la vieille Angleterre un asile inviolable.

Louis et sa famille viennent d'arriver au château d'Hartwell, précédés de la haute réputation que donne la vertu dans le malheur. Ils y vivent, pendant cinq ans, dans la plus entière solitude. On ne sait qu'ils y habitent que par les bienfaits

their precarious income could not limit, en-
deared them every day more and more to all
classes of society.

There Louis, in the practice of religious and
social virtues, might have lived happy, could
he have divested him self of the lively interest
he felt for is suffering people — could he have
been indifferent to the passing events which in
the eyes of weak mortals seemed to destroy all
hopes of his being ever restored to his throne,
and to the love of his subjects; but the christian hero, always superior, shewed that real
victory that places all the world at our feet,
is established, on that piety which, inspiring
an entire submission tho the will of God, raises
our above all created beings.

At last, my dear Brethren, the almighty ruler
of empires, by whom kings reign, was pleased
to restore to the throne of his ancestors our long
desired and beloved Monarch, and to grant
peace to our afflicted country and to all Europe,

Our august Monarch with his family leaves
England accompanied tho the shores of France
by the illustrious son of George the III, and

qu'ils répandent de tous côtés. En peu de temps Louis s'est créé un nouvel empire ; il règne sur les cœurs de ceux qui l'environnent.

Au fond de cette retraite, Louis eût pu vivre heureux dans la pratique des vertus sociales et chrétiennes, s'il eût pu oublier qu'il était le Roi d'un peuple qu'il chérissait toujours malgré son injustice. Le trône qu'il n'avait pas perdu l'espoir d'occuper , lui offrait en perspective un lourd fardeau dont le poids l'effrayait, mais qu'il ne refusait pas de porter , parce que né Roi, il se devait au bonheur de ses sujets. Il savait que la véritable gloire d'un Souverain consiste moins dans la dignité royale qui met ses ennemis sous ses pieds , que dans la parfaite résignation à la volonté divine , qui élève le chrétien au-dessus de toutes les grandeurs terrestres.

Enfin, mes frères, le Dieu modérateur des empires, le Tout-puissant, par qui règnent les rois , rétablit Louis sur le trône de ses aïeux , et rend le calme à l'Europe trop long-temps bouleversée par des théories factieuses, et par toutes les horreurs d'une liberté frénétique !

Notre auguste Monarque quitte l'Angleterre et se rend sur le rivage de la mer qui le sépare de la France , accompagné par l'illustre fils de

by an immense concourse of people , loading him with demonstrations of joy and of their admiration of his virtues , with their sincere Good wishes for his future happiness ; and Louis embarcks for France with the proud consciousness of not having during his long exile vilified the majesty of the throne he is going to ascend.

God , my brethren , has deigned to cast a lock of Clemency upon France; the hand of the Eternal has hurled from the usurped throne the disturber of the world.

In vain would men attribute to their strengt or to the wisdom of their councils such an event ; to God alone , my friends , belongs the glory of having overcome all obstacles ; the princes of Europe in such an event were but the glorious instruments of God for the happiness of France , as the corsican and his satellites have been when he was pleased to humble and punish it.

To whom else but to God could we , my brethren , attribute the singular merit of binding

Georges III ; une foule immense de peuple le suit. Partout sur son passage le drapeau sans tache est arboré ; mille acclamations le saluent Roi d'un grand peuple. On n'entend qu'un concert de louanges , de bénédictions, de souhaits pour son bonheur; on le prendrait pour un père qui prend congé de ses enfans chéris. Enfin, Louis s'est embarqué, il vogue vers le royaume de ses pères, fort de sa propre estime, et du sentiment de n'avoir point, pendant vingt-trois ans d'exil, laissé avilir dans sa personne la majesté du trône éclatant où il va monter.

Dieu, mes frères, a daigné jeter sur la France un coup d'œil de bonté. Sa main puissante vient de renverser, du trône de Saint-Louis, l'usur-pateur qui, dans le délire de son ambition, ne donnait à l'Europe d'autre option que de tendre les mains à ses fers, ou d'être ensevelie sous ses ruines.

C'est en vain, Chrétiens, que l'on voudrait attribuer un si grand événement à la prudence et aux efforts des souverains de l'Europe. A Dieu seul appartient cette gloire ; les princes n'ont été que les instrumens dont s'est servi sa sagesse. Le corse a été humilié, renversé et puni , au moment que sa prescience avait en-trevu, et que sa justice avait fixé.

A quel autre qu'à Dieu pourrions-nous attri-buer la libération de la France ? Quel autre

the justice of the omnipotent, hurling the bolts
of his vengeance on a long deluded country,
desolated by so many errors, and guilty of so
many crimes?

Ah ! christians, if we could disengage ourselves
from the bounds of mortality, or if we could
contemplate with mortal eyes the invisible spectacle which unfolds itself above us, we should
see him whom barbarians have immolated, that
Louis XVI, whose soul was so pure, whose
virtues were so religious and so simple, that
King who never harboured a sentiment of hatred,
you would see the martyr of France prostrated,
at the foot of th throne of almighty, to thank
him for having at last deigned to hear his humble
and persevering prayer in favour of that France
which is still dear to him.

If it be true, my dear brethren, that there exists
between heaven and earth a correspondance
of love ; if the destinies of those living on earth
share the affection of those that have preceded
them in a happier life ; if the Kings who have
been the fathers of their people watch from
their immortal abodes over the nations they have
governed, and be their tutelar angels ; ah ! do
not doubt it, my brethren, but those Kings who
have been an honour to France by their virtues

qu'un Dieu clément aurait pu suspendre les coups de la vengeance céleste sur ce beau pays désolé par tant de fausses doctrines, et devenu le théâtre de tant d'horreurs.

Ah! mes frères, si nous pouvions dépouiller un seul instant ce masque de chair qui borne notre vue aux objets terrestres; si nous pouvions jeter un coup d'œil dégagé de matière sur le spectacle que nous offre le ciel, je vous montrerais ce vertueux Louis XVI, que des barbares ont immolé, ce prince si religieux, si bon, dont le cœur n'a jamais connu la haine, prosterné au pied du trône du Tout-Puissant, et le remerciant d'avoir exaucé ses prières, en rendant le calme et le bonheur à cette belle France qui lui est encore si chère.

S'il est vrai, Chrétiens, que les bienheureux jettent par fois, du haut du ciel, leurs yeux sur la terre; si la félicité dont ils sont enivrés dans la céleste Jérusalem, n'a pas entièrement étouffé en eux le souvenir des affections terrestres; s'il est certain que les Souverains, qui ont été les pères de leurs sujets, s'occupent encore de leur bonheur, et secondent, de leurs vœux, les efforts des anges tutélaires des royaumes qu'ils ont quittés; qui peut douter que tous ces grands Rois dont la France s'honore, n'aient uni leurs prières à celle de Louis XVI, pour obtenir la

and piety have solicited from the God of all mercies, that memorable event, that day of peace, which at last shines on the world fatigued by so many years of trouble and of confusion.

Arrived in the capital of his empire, Louis goes and prostrates before the altars to return thanks to the King of Kings; there, my brethren, he beseeches the master of the universe to dispense his blessings on him an his people; I believe I hear him say to the eternal: —God, full of goodness and of clemency, since thou hast deigned to restore to me the sceptre of my ancestors, I will use it to raise again thy altars, I will second the designs of thy goodness by making me useful to men. Great God, be thou the support of my weakness; ennoble my soul, to render it worthy of so sublime an occupation; my life will leave me the most delightful remembrance, and I shall have the hope of being united to thee at my death, if thou wilt permit me to add to the happiness of my people.

Such was, my brethren, the pledge Louis gave to its sujects, and we all know how nobly, how faithfully he has redeemed it during a too

fin de nos malheurs et le repos de l'Europe entière, déchirée par tous les serpens de la discorde, et ébranlée dans ses fondemens par les poignards d'une populace égarée par les fausses lueurs de la philosophie et par le fanatisme de l'irréligion ?

Louis, arrivé dans sa capitale, se dérobe aux acclamations de ses sujets. Son premier soin est d'aller se prosterner au pied des autels, pour remercier de son retour le Roi des Rois. Il me semble l'entendre s'écrier : « Grand Dieu ! plein de bonté et de clémence, vous avez daigné me rétablir sur le trône de mes pères, je vais employer tous mes efforts pour relever les débris de vos autels et les ruines du sanctuaire. Image de votre bonté sur la terre, je me consacre tout entier au bonheur de mes sujets. Grand Dieu ! soutenez ma faiblesse ; agrandissez mon âme, pour la rendre digne de faire du bien aux hommes. Avec quel plaisir je quitterai la vie, si le souvenir de mes bienfaits peut me suivre dans le ciel, où vous daignez me tendre vos bras paternels. Le bonheur des peuples est le plus sûr gage du salut des Rois.

C'est ainsi, mes frères, que Louis s'est consacré à la félicité de son peuple. Avec quelle noblesse et quelle fidélité il a accompli ce vœu ! Son règne de dix ans, règne trop court pour le

short reign of ten years, which will form a glorious epoch in the annals of France.

It will not be thought necessary that I should enter into the historical details of the last ten years of the reign of our late monarch : if we compare the happy and tranquil state of France and of Europe at this moment with the boisterous and distressed situation of the nineteen years that preceded it, which our legitimate King passed in exile, reigning only in the hearts of thrue frenchmen, the contrast is strikin enough to command our admiration of th wisdom which so ably healed the wounds of our desolated country. How much precious blood, how many bitter tears, would have been spared to France, if it had pleased divine providence not to deprive us of his presence for so long a period : but, my brethren, the councils of God are impenetrable, ad we can but adore and submit.

bonheur de ses sujets, formera une glorieuse époque dans les Annales de la France.

Je n'entreprendrai pas, Messieurs, de vous donner les détails des dix dernières années de ce règne glorieux que l'histoire va consacrer de son burin immortel ; je me bornerai à vous présenter une réflexion.

Comparez le bonheur et la tranquillité dont jouissent la France et l'Europe, avec ces temps à jamais déplorables où l'anarchie, sous le voile de la liberté, couvrit d'horreurs et d'attentats la meilleure partie de l'Univers, où le grand Roi que nous pleurons, exilé de sa patrie, ne régnait que sur les cœurs des vrais Français. Ce seul contraste doit commander votre admiration, en vous démontrant combien il a fallu de grandeur d'âme et de sagesse, à ce héros chrétien, pour guérir tant de blessures et pour pardonner à tant d'attentats.

Grand Dieu ! vos conseils sont impénétrables, c'est à nous qui, à vos yeux, pesons moins que le néant, de nous humilier, de nous soumettre et d'adorer, dans un silence respectueux, vos décrets immuables ; mais que de larmes amères, que de torrens de sang vous eussiez épargné à la France, si vous lui eussiez plutôt rendu son Roi.

Casting therefore a religious veil upon the merely political events of this reign, which belong to history, I will not mention the numerous difficulties he had to encounter—the dangers to whitch he was exposed by the perfidy of men—the new trials by which God was pleased to try again his virtue : he constantly trusted to his God, and God did not abandon him.

But, my brethren, Kings, princes, and subjects, are all doomed to death; and the fatal hour strikes, which is to deprive the french people of their King; suddenly, nothing is heard but groans of despair; sorrow and anguish are spread on all; every family fears the death of a father, each individual recalls to his mind the action the most affecting of such a glorious life. Through the sobs of an immense crowd, the great hasten to the palace, not to judge what they may expect for their fortune, but what their tenderness has to fear.

All are in tears—the fatal cry of there is no hope, is pronounced; soon the consternation becomes general—the fatal news spread with rapidity into the provinces—all work is sus-

N'attendez pas , Messieurs , qu'usurpant le
pinceau de l'historien , j'aille vous exposer toutes
les difficultés que Louis a surmontées , les piéges
sans nombre que lui a tendus la perversité humaine , et qu'il a évités ; les dangers sans cesse
renaissans qui eussent abattu son courage , s'il
n'eût été inébranlable. Qu'il vous suffise de savoir qu'il fut toujours fidèle à Dieu , et que
Dieu ne l'abandonna jamais.

La France enfin , dégagée des fers de la
liberté philosophique, renaissait au bonheur sous
l'égide protectrice de la sagesse de son prince ;
mais , mes frères , il n'est point, sur la terre ,
de félicité durable. Les Rois , comme les sujets,
ne sont que cendre et poussière. L'heure fatale
de Louis vient de sonner ; tout-à-coup un cri
lugubre se fait entendre ; le Roi se meurt ; le
Roi est mort. On n'entend partout qu'un concert
funèbre de gémissemens ; chaque famille pleure
un père ; les sanglots coupent la voix de ceux
qui font l'éloge de sa vie. Une foule immense
entoure le palais des Tuileries. Tous ces hommes
n'y viennent point adorer la fortune ; ils sont
accourus pour arroser de leurs larmes le cercueil
d'un bon Roi.

Il n'y a plus d'espérance ; ce cri fatal arrache
des pleurs de tous les yeux ; la consternation
est devenue universelle. Cependant, la fâcheuse

pended ; the magistrate descends from the tribunal ; nothing appears interesting in such a danger ; the mother no longer attends to the cries of her child , and abandons him to hasten to the altars ; they feel no longer but that sentiment of piety which in great dangers throws us into the bosom of providence ; every one walks towards the temple , to implore mercy ; the priest mingles his tears with those of the people—his sobs interrupt his prayers ; and overwhelmed with the weight of his grief he can hardly finish the sacrifice which he is offering to a consoling God.

But, my brethren, the decree is irrevocable, and Louis XVIII is no more. — Let us submit as christians to the divine will, and be for ever thankful to our God, that after such a severe loss he has in his great mercy committed our destinies to Charles X, the illustrious Brother of our late monarch, and thus given to afflicted France and to Europe a new prospect of peace and happiness : on him rest our best hopes, which will not be disappointed.

Now, my brethren, I must tell you for your edification that the King whose death we lament had provided by penitence for that fatal hour.

nouvelle s'est répandue dans les provinces ; tout le peuple est dans la désolation. Le laboureur quitte sa charrue, l'artisan son atelier, le magistrat son tribunal ; la mère semble oublier son fils pour se livrer toute entière à sa douleur. Chacun court au temple ; les prêtres mêlent leurs sanglots aux cris populaires. L'affliction qui les accable est telle qu'ils ont peine à achever le saint sacrifice. Mais, mes frères, le deuil général, les larmes qui coulent de tous les yeux ne peuvent arracher le Roi de France au tombeau.

Le décret irrévocable est porté. Soumettons-nous, Chrétiens, à la volonté divine, et rendons grâces à notre Dieu de ce que, pour compenser une perte irréparable, il a confié les destinées du royaume au digne frère de Louis, à cet illustre Charles X, dont la France attend son bonheur, et l'Europe sa tranquillité. Pour confirmer cette espérance, et pour en jouir dès ce moment, il suffit de voir, dans ses augustes mains, l'olivier de l'Ibérie uni aux palmes de Trocadero.

Louis est mort, chrétiens, mais ce qui doit nous consoler, c'est que, depuis long-temps, il s'était préparé à ce terrible passage, d'où dépend une continuité de supplices dans l'autre vie, ou une éternité de bonheur.

A life spent in sentiments of faith, all duties of religion filled with piety, the frequent participation of the holy mysteries, his days dedicated to the happiness of men and animated with that charity which eternally subsists in the bosom of God, a constant submission to the divine will, the greatest resignation in the midst of the most acute pains, his confidence in the merits of our redeemer, and the hope of being united to him by his sufferings, all that made him consider death as the passage from time to a happy eternity.

Do not expect, my brethren, that I should describe to you the mournful spectacle of his family and all the attendants shedding tears upon the tomb of our beloved King; that I should recall to you that day of mourning when a whole population accompanied his funeral pomp, and were still looking for him in the shades of death. A greater object, my of brethren, occupies me — I have to say to you, that the death of a beneficent King is a much an instruction as a misfortune to humanity.

When God strikes such a terrible blow, he wishes to detach our hearts from the earth, by stopping the course of our prosperity, he schews us the vanity of human things, and that the afflictions of the world are more real

Une vie entière passée dans l'exercice des vertus chrétiennes, et consacrée au bonheur de l'humanité; sa piété sincère, son ardente charité, sa confiance dans les mérites du Rédempteur, son zèle à s'approcher souvent de son Dieu dans le sacrement auguste, mystère d'amour; sa patience dans ses souffrances, qu'il unissait à celles du Sauveur : tout nous porte à espérer qu'il a reçu la couronne de gloire, et que l'instant où il est mort sur la terre, a été celui de sa naissance dans le ciel.

N'exigez pas de moi, Messieurs, que j'aille ici vous retracer les détails de sa pompe funèbre, le deuil des grands et du peuple, les larmes et les sanglots qui accompagnèrent son cercueil. Un plus grand objet m'occupe en ce moment; je veux tirer pour vous, de la mort de ce grand prince, un sujet d'instruction.

Quand Dieu, mes frères, frappe ces coups terribles qui renversent de puissans monarques dans la poussière du tombeau; quelle leçon prétend-il nous donner? Il prétend, Chrétiens, détacher vos cœurs des biens périssables de la terre. Que veut-il nous apprendre, si ce n'est que tout ici bas n'est que vanité; que nos faux plaisirs ne sont que des pailles légères qui sur-

than its enjoyments ; he teaches us that the present is nothing, that our destiny is in the future, and that we must serve the King of Kings, because there is no lasting felicity but under his empire.

« Unus est altissimus et Dominans Deus. »

As for us, my friends, after having admired in Louis XVIII, all that constitutes heroes, all that is the perfection of human glory, his pacific virtues, the Kindness of his heart, that penetration of genius wich overcomes the greatest difficulties, his courage in adversity, his moderation and most unbounded clemency, his benevolence and charity in his prosperity, let us not forget that all those talents and qualities would not deserve our praise if religion and piety had not directed them towards the glory of God, and conduced to the happiness of the world.

Let us remember that religion alone raises man above all passions; that, in a word, nothing is truly great, perfectly solid upon earth, than what can deserve for us Eternal rewards. Let

nagent sur le torrent des afflictions humaines, et nous en dérobent l'horreur; que le présent n'est qu'une ombre passagère; que nos véritables destinées sont cachées sous le voile de l'avenir, et qu'enfin, il ne faut adorer que le Roi des Rois, parce que ce n'est que dans son sein que se trouve le vrai bonheur.

« *Unus est Dominus et Dominans Deus.* »

« Il n'est qu'un seul Dieu, qu'un seul maître. »

Ainsi donc, Chrétiens, toutes ces vertus éclatantes que vous avez admirées dans Louis, sa grandeur d'âme, son amour pour la paix, sa sagesse, l'étendue de son génie, sa fermeté dans les revers, sa clémence dans la prospérité, sa longanimité, sa bienfaisance, sa charité, sont dignes de vos hommages et de vos louanges; mais je soutiens que toutes ces qualités brillantes n'auraient été que vanité, si sa piété, aussi solide qu'éclairée, ne les avait dirigées vers le ciel, et ne l'avait mis en possession de la couronne qui ne se flétrit jamais.

Rappelons-nous, mes frères, que la religion seule fait les vrais héros, en les rendant vainqueurs d'eux-mêmes; que rien n'est grand, rien n'est solide, rien n'est parfait sur la terre que les qualités ou les actions qui nous ouvrent l'entrée

us, then, my dear friends, profit by example of the virtues of our late glorious Monarch, and not turn to our condemnation the instruction he has given us, but learn from his wisdom, that duty must be the only rule of our actions: Let us acknowledge in the heroism of his death, that religion is the principle of all fortitude, that christian confidence alone gives us courage in our last moments.

Let us not, then, my brethren, wait for the fatal hour of trouble and darkness, in which divine justice will condemn our impenitence, and its vain excuses. Let us fill our career with virtues, assured that if piety hath sanctified our life, it will support us at our death, it wil follow us beyond the tomb, and lead us to a happy eternity.   Amen.

de notre véritable patrie. A Dieu ne plaise, Chrétiens, que l'instruction que Louis nous a donnée par sa vie et par sa mort, tourne un jour à notre éternelle confusion ! Tâchons d'imiter en mourant l'héroïsme de ses derniers momens ; souvenons-nous que si nous ne sommes animés des grands sentimens qu'inspirent la religion et la confiance en Dieu, nous nous trouverons, sans force et sans fermeté, au moment de ce terrible passage.

Ainsi, mes frères, prévenons, par un sincère retour sur nous-mêmes, le trouble et les angoisses qui accompagnent le pécheur sur son lit de mort. Songeons que Dieu ne nous tiendra point compte de nos faux prétextes, ni de nos vaines excuses, et que notre impénitence deviendra le sujet de notre condamnation. Attachons-nous donc à grossir sans cesse le trésor de nos vertus pour une autre vie, assurés que si la piété sanctifie notre carrière ici-bas, elle nous soutiendra au moment de la mort, et nous tenant par la main, nous servira de guide, pour nous introduire dans le séjour de l'éternel bonheur. Ainsi soit-il.

ERRATA.

Page 12, lig. 9, ruin, *lisez* ruins.

Idem, lig. 13, glori, *lisez* glory.

Page 14, lig. 20 et 21, subsist, *lisez* subsists.

Page 17, lig. 1, qu'elle, *lisez* qu'il.

Page 20, lig. 10, vieuws, *lisez* views.

Idem, lig. 18, andre wards, *lisez* and rewards.

Page 22, lig. 8, Saint-Louis, *lisez* St.-Louis.

Page 25, lig. 1, après, *lisez* pendant.

Page 30, lig. 19, the only, *lisez* the only one.

Page 34, lig. 8, tranquility, *lisez* tranquillity.

Idem, lig. 14, sympathising, *lisez* sympathizing.

Page 36, lig. 20, and on, *lisez* and on.

Page 46, lig. 13, th, *lisez* the.

Page 47, lig. 11, couvrit, *lisez* couvrait.

Page 52, lig. 2 et 3, participation, *lisez* participation.

Idem, lig. 6, coustant, *lisez* constant.

Idem, lig. 23, te humanity, *lisez* to humanity.